이광두 시집

비누

파란하늘

공감시인선 67
비누
ⓒ 이광두, 2024

지은이_ 이광두

발 행 인_ 이도훈
펴 낸 곳_ 파란하늘
초판발행_ 2024년 10월 17일

사무실_ 서울시 서초구 법원로3길 19, 2층 W109호
       (서초동, 양지원빌딩)
전 화_ 02) 595-4621
팩 스_ 0504-227-4621
이메일_ flyhun9@naver.com
홈페이지_ www.dohun.kr

ISBN_ 979-11-988681-2-1 03810
정가_ 12,000원

시인의 말

상대적인 시간 속에서
조금 더 느리게
그리하여 길모퉁이 야생화에 내리는 햇살같이
섬세한 실바람을 꿈꾼다.

2024년 가을
이광두

차례

1부 자목련 _11

　　　복지관 한글교실 _12

　　　초심 _14

　　　아들 1 _16

　　　비누 _17

　　　낙과 _18

　　　주민설명회 _20

　　　균형 잡기 _22

　　　길섶의 집 _24

　　　면민체육대회 _26

　　　노인 일자리 _28

　　　시골마을 이장 _30

　　　겨울나무 _32

　　　댑싸리 축제, 그 이후 _33

　　　물억새 _34

2부 태초의 길 _36

　　　내과병동 _38

　　　새벽 등산 _40

　　　도시의 새벽 _42

소통 _43

겨울 아침 _44

야근일기 _46

수험생 _48

7일간의 전투 _50

거울 _53

길고양이 _54

오후 다섯 시 _56

졸시의 탄생 _58

맨드라미 _59

이명 _60

3부 아버지의 방 _64

해바라기 _66

가을의 끝 _68

노안 _70

벌초 _72

아내의 명절 _74

잊혀진 계절 1 _76

잊혀진 계절 2 _77

아들 3 _78

가을비 _80

시월에는 _82

낙엽 _84

미완성 _85

4부 맥문동 _88

공정에 대하여 _90

얼룩을 지우다 _92

수건의 격전 _94

수국 _96

정의 공식 _98

아침, 아홉 시 _100

불면의 밤 _102

유효기간 _104

야생화 _106

아들 2 _107

빨간 신호등 _108

하루살이 _110

그에게는 겨울도 봄이다 _111

5부 어머니의 밥상 _114

    목련 _116

    바윗돌 _118

    성장통 _120

    유화 감상법 _122

    매화 _123

    봄 1 _124

    봄 2 _125

    후회 _126

    미련 _128

    산수유 _130

    진달래 _132

    오후, 사무실의 봄 _133

    장마철 _134

    수험생 아들에게 _136

해설 자연묘사와 농촌 현실, 그리고 가족서사 _141

    - 공광규 시인

1부

자목련

기간 지난 우편물 가득 머금은 폐가에

자목련 피었다

추억이 부서진 폐가에서

백목련 떨어지는 소리로 피어난 자목련

꽃이 피는 건 생의 산고

줄기 따라올라 온 겨울바람이 가지 끝에서

결별하는 날에

꽃이었다가 멍이었다가

복지관 한글교실

해넘이 석양처럼 나이가 저문 교실

주름진 돋보기안경들이

오롯하다

오늘은 친구 이름 써 보는 날

순자 말숙 봉순

그리고 더 쓸 수 없는

이름들

세상 밖으로 간

저 이름들을 써 본다

지나온 발자국마다 상처 아닌 적 없던

이름

이름

이름

복지관 하얀 한글교실에서

삐뚤삐뚤

성스럽게 앉아 있다

초심

추석 대목을 맞은 시골 재래시장
반쯤 기울어진 햇살과
반쯤 부서진 슬레이트집 사이 공터에
암탉 한 마리 모이를 부지런히 쪼고 있다

수년 만에 보는 광경에 넋을 빼앗긴 채
문득, 이래야 한다고
이런 모습이었다고 더듬어 보는데

껍질을 벗고 나온 삶이
가로세로 한두 뼘 속에서 숨 쉬는 일을
누가 예상이나 했을까

당당히 새벽을 홰치던 이야기는
진작부터 공장에서 시작되어
공장에서 끝나고 있었는데

살충제 달걀이 한숨을 날리고 있는

시골 재래시장 공터에서

모이 쪼는 암탉을 쪼그려 앉아서 볼 수 있는

아직은 잃지 말아야 할

물음표 같은 초심

아들 1

혼 밥
혼 술
혼 박
살다 보니 혼자였다

아뿔싸
오래된 시간이 노숙하는
저 빈집

햇살이 동거 중이다

비누

비누는
때 묻은 시간을 씻으면서
자기 몸을 줄여간다

그 옛날
비눗물이 거친 손등을 타고
흘러내리던 수돗가

문득
작아진 비누를 본다

자세히 보니
물소리와 함께
늘어진 유행가를 흥얼거리시던
어머니였다

낙과

가을 감나무밭이
주인 잃은 시골집같이 휑하다

낙과!
그 어느 계절이 이보다 아플까!

꽃의 낙화
서해의 낙조가 그렇듯이
때가 되어 떨어질 때가 아름답다

앞서서 떨어지는 일
먼저 바람을 맞는 일

그리하여
면역 잃은 가지에서 버티다 버티다
상처 입은 땅에 희망을 떨어뜨리는 일

낙과는

너의 부재不在처럼

가을이 되지 못한 나무의

때 이른 결별이다

주민설명회

평균나이 칠십

남강물 둘러 흐르는 시골 동네에

쌓인 모래가 지천이다

부족한 지방세수 대신 채워보려

모래 채취 주민설명회를 여는데

'모래 채취 허가 취소하라'

이런 현수막 내걸고 면사무소에 모인 사람들

그림자 같은 세월 끼어 있는 입에서는

습관 같은 샛바람이 쏟아진다

막말에

쨍그랑 소리가 낡은 경운기를 닮아가는 동안

가난을 덧씌운 주민설명회장은

덤프트럭이 왁자지껄 소음을 대신한다

점잖은 동네 이장님 말씀은 요식일 뿐

오고 간 모든 말 더하고 빼고 나면

헐렁한 이빨 사이에서 흘러나오는 한목소리

돈·돈·돈

칠십이 넘으면 돈도 필요 없고

팔십이 넘으면 권력도 필요 없다는데

면사무소에 모인 사람들

아마도

외로워서 외로워서 그렇게 하는 거라지

균형 잡기

시골 초등학교 체육관
오랫동안 디딘 흔적 없는 평균대 위를
다리 힘 집중시켜 한 발 한 발 내디뎌 보는데
온몸이 비틀거린다

발걸음 더할수록 비틀거림 비례 되고
어른 허리춤도 안 되는 높이에서
균형 잡기는 최고의 난제

낮과 밤 길이
균형을 이루는 날은
일 년에 겨우 두 번
다른 모든 날이 한쪽으로 치우쳤다

사람 일도
기울어진 네 편 내 편에서
남이 되었다가 우리가 되었다가

심판의 저울은 여전히 멀리 있다

길섶의 집

의령군 지정면 두곡리 지산저수지 길섶에는
낡은 컨테이너 오두막 한 채가 있다

굴곡진 모서리에 묻어 있는 바닷바람만이
대양 항해의 영광을 기억하는 컨테이너 오두막

저수지 물결이 흔들릴 때마다
바람 앞 들풀처럼 절뚝거렸다

오래된 찻잔이 가지런한 길섶 끝에는
오두막처럼 낡아서 절뚝이는
팔순 할머니 힘겹게 오가는데
그때마다 들꽃이 마당을 채워갔다

들꽃이 덤이라면서
고맙다 고맙다 되뇌는 팔순 할머니
입가 엷은 미소에

민들레 홀씨 같은 그리움이 있었다

오래된 찻잔이
'차 한 잔 드세요' 독백하는
길섶 낡은 컨테이너 오두막

할머니 발자국에서
들꽃이 한 뼘씩 자라고 있었다

면민체육대회

추석 갓 넘은 시월
공설운동장에서 면민체육대회가 열렸다

이웃이 떠나고 젊음도 사라진 마을마다
이빨 빠진 잇몸처럼 듬성듬성한 빈집 사이에
주름살을 쌓아놓은 노인들이
모처럼 공설운동장에 모인 면민체육대회

승자도 패자도 의미 없는 시골 면민체육대회는
오월 경로잔치를 닮았다

단상 젊은 기관장들에게 축하받는 늙은 선수들이
가을 햇살처럼 붉게 물들어 갔다

면민체육대회가 열리던 날
빈집 사이 겹겹이 쌓여 세월만큼 깊어진 주름살들이
노을 진 석양에

하회탈처럼 환한 웃음을 그려놓았다

노인 일자리

사회복지관에도 가을이 왔다

쌓여가는 낙엽만큼 복지관을 둘러싼 나무들이
속살을 드러내고 있다

색 바랜 복지관 잔디밭에는
가을이 일찍 지나간 사람들이 있다

휘어진 고복이 매를 잎지른 바람에 추일당히 듯
흔들거리는 걸음들
잔디밭 풀을 뽑듯 시간을 지워가는 흑백사진처럼
흐릿하다

색 바랜 잔디밭에서
이들이 붉게 익어가는 하루를 붙들고 있는 일은
외롭다는 말에 얹힌 핑계

실바람에도 흔들리는 억새가 가을이어서

외로운 것처럼

시골마을 이장

소나기 한줄기 기다려지는 여름 한낮
에어컨이 지구 자전에 얹혀서 돌고 있는 면사무소에는
경로당을 닮은 이장님 여럿이 와있다

늙은 시골길만큼 창자가 길어서
먹어도 먹어도 배부른 날 없는 동네 민원을
김 주사 이 주사 박 주사 불러서
믹스커피 한 잔에 풀어 놓은 시골 이장님들

뒤따르는 잔심부름은 직원들이 배려하는 애교다
반나절 넘도록
난장 아줌마 수다처럼 한껏 목청 높인 소란들이
아무것도 가져가지 못한 채
문밖으로 멀어지는데

해 질 무렵
반쯤 빈 소주잔이 그러하듯

난해한 고대 문자처럼 이해할 수 없는 것들

반쯤 채워놓고

하루 일 끝낸 늙은 군인처럼 당당한 것은

면사무소에 맡겨 놓은 핑곗거리가 있는 이유이다

겨울나무

숭숭 뚫린 저 휑한 나무

봄
여름
가을
가꾸어 온 것들 아낌없이 털어낸 것 보면

오래된 고향집처럼
참 겸손하다

댑싸리 축제, 그 이후

가을볕이 익어가는 강변

햇살이 나눠준

선홍빛 욕망이 댑싸리 가지 끝에 앉았다

축제는

삼삼오오 바람이 떨어진 곳에서 피어난

꽃의 이야기

그리고 가장 낮은 땅에서 읽는

황혼의 기도문

그곳에는

치열하게 자신을 분해하는 상처가 있다

어느 마른 날

모두에게 갈색추억이 되어도

바람의 씨앗이 되는 침묵이 있다

지금 그대처럼

물억새

불순을 얼마나 씻고 싶었으면

거칠게 흐르는 거름강* 언덕에

저렇게 뿌리박은 채

푸른 수액을 밀어 올리며 하얀 속살 내어놓았을까

얼마나 묵은 때 씻고 싶었으면

갈색 강바람 맞대고

저 가녀린 몸매로 허공을 흔들고 있을까

한 방향으로 행렬을 이루며

제 몸속을 다 비워내어 들려오는

비의 소리

마른 바람 속에서 기울어 가는 시월의

푸르게 시린 은빛 울음

* 거름강 : 경남 의령군 지정면에 위치한 낙동강과 남강이 합강을 이루는 곳.
임진란 때 의병장 곽재우 홍의장군이 왜적을 물리친 전승지이기도 함

2부

태초의 길
- 완행버스

흙먼지 꼬리 매단 흙길이

오래된 세월만큼 달려왔다

허공을 추월한 회오리바람처럼 직행버스가

완행버스 차창 틈으로 흙먼지를 밀어 넣고 달아났다

그때마다

낡은 엔진을 떨며 먼지를 털어내던 울퉁불퉁한 신작로를

선술집 술병처럼 뒤뚱거리게 했고

오르막길 힘겨운 배기음을 가쁘게 토해냈다

비좁은 길이

마주치는 것들을 피해 멀찌감치 기다리는 일은

세월에 나이를 얹은 것처럼 일상이었다

먼지 뽀얀 슬레이트집과

논두렁이 꼬부라진 논과

앙상한 전봇대를 스치면서 무게가 더하고 줄었다

정류소는 굳이 필요 없었다

멈추고 섰던 곳이 경유지였고 정류소였다

탈색된 흑백사진처럼 잔상을 남겨놓고 달려온

태초의 길

종점은 어머니였다

내과병동

정기검진일
내과병동에 들어섰다

간간이 들려오는 간호사 호출 소리에
귀 기울이며
몸속 깊은 곳에 그림자를 안고 있는 사람들

성질 급한 도토리가
낙엽 뒹굴 자리에서 미리 흔들리는 가을날처럼
내과병동 대기실은
불안한 시선들이 대기표를 움켜쥔 채
생과 사의 경계에서 흔들리고 있다

웃음을 잃은 사람들
대기표 숫자처럼 이들에게도 순서가 있을까

하나둘

대기표 순번이 지워지고 있는 내과 병동에는

깊이가 다른 눈물들이

소리 없이 흘러내린다

새벽 등산

수술을 마친 병실은
고통의 흔적이 선명했다

밤잠을 설친 그믐달처럼
잘려나간 기능들이 절뚝거리고 있었다

삶과 죽음의 직선이
곡선의 고통이었다는 것을 알게 된 뒤
의사의 조언은 면역이었나

면역을 움켜쥔 새벽 등산길
굴참나무 앙상한 바람이
수술대 환자처럼 떨고 있었다

새벽을 맞이하는 샛별의 산란이
오랫동안 애달팠을
풀벌레 울음처럼 아려왔다

쉼표 없이 내달렸던 길 되돌아보면
관성의 법칙처럼 습관적이었다

놓친 것들과 보지 못한 것들이 존재했던
숨 가쁜 산허리에는
마을에서 빌려온 가로등 불이
가늘게 비치고 있었다

곡선의 능선에서 새벽이 기울기 시작하자
직선의 여명이 빠르게 내려왔다

그때까지 정상에 오르지 못한 나의 민낯에
아침 햇살처럼 귀밑머리가 붉어졌다

도시의 새벽

안개가 걷히자

긴 벽들이 골목을 따라 일어섰다

아픈 사람들이 차지한 도시의 새벽은

배설하지 못한 찌꺼기처럼 딱딱했다

가난한 골목에는

키 작은 풀잎같이 소소한 소망들이

굳어진 벽과 벽 사이에서 낙엽처럼 흩어져 있다

입꼬리 길게 쳐올린 그믐달이

마른 풀잎 비비며 터뜨린 꽃눈들의 불완전한 하루처럼

웅크린 골목

아픈 사람들의 새벽은

잠이 덜 깬 자동차가 미등을 껌뻑거릴 때마다

밝아오고 있었다

소통

결국 배설의 문제였다
지독한 고통이 새벽 응급실에서
끙끙거렸다

막혀버린 하수관같이 배설하는 일
생각보다 쉽지 않다

악성 균은 이미
육신의 고통을 깊은 어둠 속에서 끌어내고 있다

대수롭지 않게 여겼던,
수면 과로 음식 이런 소소한 것들의 저항이었던 것

널브러진 신음 속에서 살아남는 일

결국은 배설이었다

겨울 아침

하루가 텔레비전 앞에서 졸고
가로등이 외로워지기 시작할 때

나뭇가지 끝에는 저녁별을 걸어놓고
칼날 같은 그믐달에는
겨울바람을 걸어놓습니다

산란의 조각들이
세사리를 찾시 못해
밤새 흩어졌다 모이기를 반복합니다

때늦은 겨울 아침
근근이 찾은 자리에서
잔뜩 각 세운 햇살을 등지고 앉은 조각들이
창문을 엽니다

앞집 지붕에는 하룻밤을 마감한 서리가

은빛으로 빛나고 있습니다

지붕 너머에
까치밥 빨갛게 달랑이는 감나무 가지도
은빛입니다

그 가지 끝에
단단히 깃털 여민 겨울새 두 마리
박자에 맞춰 은빛 아침을 쪼고 있습니다

오오! 저기에 시가 따로 있었습니다

밤새워 쓴 시, 참 부끄러워집니다

야근일기

12월 밤이 늦었다

길모퉁이에 남겨진 어둠이 차갑다

옷깃 여민 군청사무실에는

무표정한 불빛이 여전히 하루를 붙잡고 있다

민원서류와 결재 서류에는

삭막한 언어들이

하루살이처럼 맴돌다 이주移駐하는 중이다

저 충혈 된 시간

깊어 가는 12월에는 집이 또 얼마나 멀어졌을까

군청 앞

때마침 밤을 잊은 취객의 콧노래가 한가롭다

한 해가 저무는 12월

밤이 참 길다

수험생

결국 겨울이 왔다

화려한 단풍잎 유혹은 차갑게 말라갔다

관계는 가난해졌고
포기를 생략한 사랑은 일방적으로 남았다
의무감만은 아니었다

그것은 해답 없는 문제처럼
고통일 수밖에 없었다

종종
눈물 감출 비가 내릴 때는 다행스러웠다

이 겨울
여행은 여전히 길을 찾고 있었다

어느 날

문득 봄이 오는 것처럼

이 여행도 궁극적으로는 끝날 것이다

단지

이 길

아직은 끝이 보이지 않았다

7일간의 전투

팬더믹

전쟁은 겨울에 봄을 섞은 것처럼 혼란스러웠다

우리가 흔히 상상하던 화염이나 폭파 음은 처음부터 생략되었다

폭격은 오히려 고요하게 시작되었다

구강을 비집고 나온 긁힌 흔적과 붉은 선 선명한 두 줄이

경계의 상황을 인지하고 있었다

PCR 검사는 신속하게 양성을 알렸다

평화로부터 분리하는 격리 문자는 고립의 전쟁터로 안내하고 있었다

모서리마다 예각에 폐쇄된 전투공간은 빈틈이 없었다

푸석한 밤이 하루 영역을 대부분 침범해 갔다

그나마

어둠이 짙게 남아있는 새벽에는 샛별이 짧게 영역을 수복하긴 했다

밤낮이 바뀐 기침이 구석구석에 달라붙었다

분무기 노즐을 통과한 소독약이

전투공간에서 생물들을 자라게 한 것은 다행이었다

연일 TV 뉴스는

나의 문해력으로 해석할 수 없는 난해한 문장과 경신되는 숫자로

전투 상황을 알려주고 있었다

일몰과 함께 전투가 잦아들긴 했으나

예각의 구석에서는

기침이 멀리서 들려오는 총소리같이 몇 번 더 콜록거렸다

펜데믹 7일

폐쇄된 공간 밖에서 전파를 타고 온 신호가 휴전을 알려왔다

그 순간

부푼 생각들이 겹쳤다가 지워졌다

전투 기간은 미리 정해져 있었다

일곱 밤낮 그 전투에서

최고의 구호품은 후방에서 보내준 테이크아웃 커피 한 잔이었다

거울

잠에서 깨어 너를 마주했지

푸석한 밤이 아침에 꽃처럼 피어나리란 기대는
너와 나 간격만큼 멀어져 있었어

대칭인 채로 서로를 바라보며
만남이 없는 만남은
가까이 다가갈수록 선명해진 해상도에
바나나 껍질 같은 치부를 비추어 주었어

꽃이라 불리던 때가 시들어 가고 있어
이제는 거리를 두어야 할 때
어두운 조명이 달빛처럼 소담스럽게 반사되는

그 깊이만큼

길고양이

길고양이 한 마리
사무실 현관 옆에서 경비를 서고 있다
동그란 눈 길게 뻗은 콧수염
갈색 털 사이로 그어진 검은 선이 구색을 갖추었고
뱃살이 통통했다

겨울이었던가
계절이 바뀌기 전부터
누군가에게서 버려져 뱃가죽 홀쭉한 길고양이를
처음 만났다

그날부터 쫓고 쫓기는 며칠간의 실랑이
결국, 지쳐
'하루 한 끼, 현관 옆 공간제공'
무언의 타협을 했다

사실, 타협은 일방적인 면이 있었다

미리 이별을 생각한 나에게 타협은 처음부터 불리했다

미리 이별을 생각했던 건
연륙교가 이어놓은 섬의 끝처럼 너와 나의 이어진 방식이
어느 날 끝나는 그곳에서도
피동으로 존재하는 나쁜 사람이 되지 않기 위한
나만의 타협이었던 것

나의 타협에
한번 버려져 본 적이 있는 길고양이 등에서
봄 같은 숲이 자라났다

오후 다섯 시

여든 수명을 하루로 줄이면 나의 시간은
오후 다섯 시

하루 일을 마무리하려
십 분마다 벽시계를 바라보는 시간

어쩌면
시작도 못 한 채 버티다
한 발짝도 옮기지 못하는 사람이 절망인 것처럼

낡은 기둥이 떠받치고 있는 온기 없는 방에서
기침이 앓고 있는 소리에
울음 한 방울 떨어뜨리는 시간

부적격자의 폐허 같은 현실에서
누군가에게 미룰 수 없는 무게를 짊어지고
무언가를 다시 시작하기에는 실종된 시간

그러나

늘 일상 같기를 바라면서

때로는 얼룩진 창문에 멍한 시선을 고정한 채

우주의 바닥 깊은 곳에 묻혀있던 나를

끌어 올리는 시간

사무실 벽시계가 가리키고 있는

부력의 숫자

졸시의 탄생

원고 독촉을 받았다

마감일은 벌써 지났다

여전히 조합되지 못한 글자들이 어지럽게 흩어져 있다

시를 쓰는 일

언제부터인가 척이 되어갔다

시어들이 가슴에서 머리로 옮겨간 것이

기억 저편처럼 오래되었다

그 사이 시력은 난독중이다

어지간히 버텨내긴 했다

편두통과 함께

여름날 오후처럼 느슨해진 문장들만

글자와 글자들 사이에서 규칙 없이 흘러내렸다

손끝에서

행간을 기다리던 문장들이 메말라 갔다

맨드라미

지인이 보내온 사진 한 장에
가을이 뜨거워졌다

울타리 없는
텃밭 가장자리에서 핀 꽃

땡벌이 왔다 가고
나비도 단골처럼 왔다 간
꽃잎 위에
고추잠자리가 비행하는 맨드라미 붉은 사진

1997년 IMF 금 모으기 운동이 그랬듯
2002년 거리에서 울려 퍼진 붉은 함성이 그랬듯
갈색 배경 위에서 뜨거워진 가을처럼

시들어 가는
붉은 불씨 하나로 바람과 맞짱뜨는 꽃

이명耳鳴

아내가 쓰러졌다

귓속을 파고드는

냉장고 모터 같은 소리에 아내가 쓰러졌다

머리를 흔들어도 몸을 뉘어도 두 손으로 귀를 막아도

윙윙 귓속을 맴도는 소리

이명耳鳴에 아내가 쓰러졌다

개수대 물소리

TV 드라마 대사마저 괴롭다는 아내의 언어가

바늘처럼 내 심징을 찔렀다

되돌아보니

아내의 흔적이 집안 곳곳에 흩어져 있다

오랫동안 잊고 있었다

아내 대신

낙엽처럼 흩어져 있는 흔적을 주섬주섬 주워 담으면서

아내가 담아왔던 흔적이 아낌없는 사랑이었다는 것

더 늦기 전

아내 고통이 나누어 짊어질 수 있다면

지금

내 귀에 철 지난 매미울음이라도 소환하겠다

3부

아버지의 방

시간이 느렸던 오래전이었다

아버지는 현관문도 중문도 없는 방을 가지고 있었다

아버지의 방은 언제나 배가 고팠다

얇은 창호지를 바른 방문이

안팎을 드나드는 일은 자유로웠다

방안 어디서나 새의 소리가 가볍게 들렸다

열린 방문은 모든 것이 풍성했다

마당이 방 안으로 들어왔고

마당과 함께 임닭들이 들어와 살았다

일찍 서리가 내리면 파란 하늘이 들어와

빨간 감을 걸어둘 때도 있었다

걸림돌에 걸려

문틀이 조금씩 기울어졌을 때는

철없는 허공이 기울어진 그 자리를 메꿨다

가난한 아버지의 방에서

방의 안팎이 사라지는 일은 아주 쉬웠다

안팎의 경계가 사라지자

어디선가 사람들이 모여들었다

아버지의 방이 햇살 한 움큼처럼 따뜻해졌다

해바라기

그녀의 운전 솜씨는 서툴렀다

그녀의 자동차 소리는 반 박자 늦었고,
숱한 점들이 박힌 LED 브레이크 등은
쉼 없이 깜박거렸다
속도가 오르지 않았다

아침 햇살을 보았을 때
그녀는 기대했나
굳게 오므렸던 입술이 열리는 것
등짝이 시트 등받이에 어깨의 무게를 나누는 것
그리하여
해지기 전까지는 두 팔이 자유로워지는 것

긴 시간이 서쪽에 기울어지고 있었다
그러나 그녀의 운전 솜씨는 그대로였다
지나가는 풍경이 수시로 흔들렸다

운전이 서툰 그녀는

목 힘 잔뜩 들어간 노란 스카프에 저린 까치발로

운전 중이었다

날이 저물 때까지

가을의 끝

일출이 게을러진 아침
부스스한 눈꺼풀이 창문을 열었다
한 움큼 가을이 늦은 햇살을 따라 들어왔다

가로수길 너머에는
옅은 안개가 하늘을 배경으로 색 바랜 벼 논을
미리 지우고 있었다

되돌아보면
여름은 더 뜨거워야 했었다
그리하여 이 가을이 풍성해야 했고
사랑을 시작한 그 날처럼 아름다운 색으로 와야 했다

그 여름 장맛비에 허기진 가을이 멍들었다
낙엽은 아파서 뒹굴었다
여물지 못한 가을이 지워져 갔다

지워져 가는 것들, 단풍은 알고 있었다

가을 그 끝이

붉게 물들이는 일인 것을

노안 老眼

세월이 잘 익은 중년의 두 사람

시골 카페에 갔는데

가을을 닮은 카페 여주인이

국화차를 건넨다

그윽한 가을 향을 맑은 유리 찻잔에 붓는데

아뿔싸, 찻잔 주위로 가을 향이 주르륵 흘러버린다

엎어놓은 찻잔을 알아채지 못했던 두 사람

황당해하다

뒤늦게 노안을 알아채고 한바탕 웃는다

노안

그것은

중년 얼굴 잔주름에 잡티가 흩어져 있어도

맑게 보라는 뜻

쌓인 나이만큼 보았던 것을

이제는 하나씩 지워가라는 뜻

간혹 실수가 있어도 보이는 것만 보라는

사려 깊은 뜻

오늘

가을 향이 피어 있는 시골 카페에서

노안으로

노안이 있는 당신을 보며

잘 익어가는 세월을 배우고 있다

벌초

한가위 앞두고
조상님 산소에 벌초하러 갔다
두런두런 추억을 꺼내고 계신
선산 양지바른 조상님 산소

도시의 형제 조카들
조상님 덕 하나씩 소주병에 담아
벌초하러 갔다

파란 하늘에
붉은 점 찍어놓은 감나무보다 먼저
가을이 도착한 고향을
두리번두리번 둘러보는데

고향 지키던 굽은 나무 다 사라지고
한 집 걸러 빈집에
오래된 흔적들만

콘크리트 바닥처럼 차갑게 응고되어 있다

사람 대신
잡풀이 무성하게 엉켜 사는 곳

술에 취한 소주병처럼 위태위태한 낫질이
조상님 산소 대신
텅 빈 고향을 벌초했다

아내의 명절

코로나19가 단절시킨

한가위

우리 식구만 오붓했다

단출하게 올렸던 차례상을 내려놓고

성치 못한 아내 대신 설거지를 한다

몇 식구 안 되는 그릇과 제기도 개수대 한가득하다

챙기고 씻고 닦고 하는 일은 명절 뒤에 남은

그림자

아픈 아내에게는 쉽지 않았을 일

뭇사람들이

해외로 관광지로 명절 여행을 떠나는 뉴스에 귀를 세우고

아내 마음을 읽는다

개수대가 아내 대신 신음을 쏟아내고 있다

세월이라 말할 수 있는 시간 동안 마음의 반쪽을 비워가며
　　명절의 무게를 말없이 담아왔던 아내

　　빈 그릇을 씻으며
　　"당신 참 예뻐"라는 말로 고마움을 대신해 본다

　　곁눈으로 본 아내의 입술에서
　　한가위 보름달이 환하게 떠오르고 있었다

잊혀진 계절 1

하늘이 맑았다

기차는 잘 달리고 있었다

가을 여행은 그렇게 시작되었다

어둠 속에서 귀청을 때리긴 했어도
띄엄띄엄 들어선 터널은 대수롭지 않았다
다만, 터널을 빠져나올 때마다 가을이 바뀌고 있었다

마지막 터널을 빠져나왔을 때
가을은 사진 속에서 멈춰있었다

어찌할 수 없었다

잠깐이었던 것처럼 하늘이 어두워져 있었다

잊혀진 계절 2

시월

노을이 서둘러 펼쳐졌다

들판은 산그늘보다 먼저 침묵했다

언젠가부터 습관이 된 너와의 시간이

조각조각 흩어져 갔다

차가운 계절에

낙엽같이 메말라 가는 것들

뜨거웠던 문장들이 결빙으로 읽히고

온기 미세했던 낱글자는 추억 속에서 빠져나갔다

서럽게 쏟아낸 결핍의 단어들이

시리도록 아픈

시월

첫사랑 사진처럼 인화된 행복이

부록처럼 집착하고 있다

아들 3
- 고시촌

문이 닫혀 있었다

가스레인지는 싸늘했고

때를 건너뛴 냄비는 늘 말라 있었다

두어 평 공간이 날마다 야위어 갔다

비틀거리던 의자에는

바싹 마른 가로등 불빛이 움츠려 있고

책상 위 검은 글자들은 탈색되어 갔다

손바닥만 한 창 너머

적막을 뚫는 빗소리가 가을을 데리고 왔다

가로수는 곧 낙엽을 떨굴 것이다

비 그치고

내일은 낙엽 진 가지에 햇살이 앉아

야위어진 공간을 두드릴 것이다

굴곡진 시간을 힘없이 붙잡은 침대에서
낡은 책갈피처럼 시들었던 의식이
늦은 눈을 떴다

야윈 공간이 휘청거리는
청년세대처럼 혼미하다

상실한 일상처럼 배회하던 바람이
꼬부라진 골목을 힘겹게 빠져나와 찍은
쉼표 하나에 멈추어져 있는 것들
고시촌 여윈 청춘에게는 마침표가 없다

가을비

가을비가 내린다

아직 논에는 벼가 익어가는 중이고
뒷밭에 콩은 덜 여물었다

간혹
언덕에 기댄 참나무가
미리 익은 도토리를 떨어뜨리긴 해도
이 가을에 쓸모없을 것 같은 비가 내리고 있다

가을비 내리는 이유가 없진 않을 것이다

어쩌면
싱싱한 단풍잎 만드는 일일 수 있겠다 싶지만
나무가 꽃을 떨어뜨리는 일은
열매를 맺기 위해서라는데

가을비가 무성한 나뭇잎을 솎아내는 일처럼

여름내 움켜쥔

그리움을 솎아내는 일일 수도 있겠다

솎아내고 버리는 일이

가을비 내린 뒤 석양이 붉은 노을 피워놓는 것 같은

이유일 수도 있겠다

시월에는

낙엽 진 나뭇가지에
허공이 매달려 있다

허공은 낙엽이 지나온 푸른 여정

낙엽이 나무의 체온을 잃어가는 동안
햇살이 내려앉는 소리였을까
시월이 바스락거렸다

사랑을 알지 못해도

떠나는 사람이
남아있는 사람을 안아주던 것처럼
낙엽이 붙들고 있는
나뭇가지의 마지막 여정에
파란 허공을 메달은 시월

하루치 햇빛이 낮의 끝에서

저녁노을을 다 뿌려놓지 못했어도

시월에는

시월이어서 사랑할 수 있겠다

낙엽

계절 끝자락에

저 낙엽

이렇게 메마른 걸 보면

파르르 떨던 그 그리움처럼

저 한 생(生)이

참 뜨거웠던 거지

미완성

새 떼가 해그림자를 쪼아 먹기 시작한

여윈 나뭇가지 끝에

궁핍한 바람이 바스락거렸다

흔들리며 피는 꽃처럼

마른 풀잎이 비벼대던 가난한 울음도 흔들리며 울었고

구부러진 감나무 홍시도 흔들리며 익었다

아이들 소음마저 그리운 골목

콘크리트 벽을 훑고 지나간 그림자가 빈속을 움켜쥔 채

흔들리는 일처럼

비틀거렸던 아픈 자들 상처마다 기웃거리던 시어들

나의 시어들은

낡은 시간에 매달려

궁핍한 바람처럼 바스락거렸다

4부

맥문동

그늘 드리운 우리 집 담장 아래

맥문동이 파릇합니다

맥문동은 굳이 햇볕을 구하지 않는가 봅니다

아주 잠깐 스쳐 가는 햇볕이었을 뿐인데

잎을 만들고 꽃대도 세웠습니다

물음표로 가득했던 오래전

나락빛에 햇볕이 드나드는 일은

별빛이 어둠을 계산하듯 매우 복잡했습니다

그늘에서 피는 꽃이 애절하게 고운 것도

물음표였습니다

저녁이 하루해를 기울이던

어느 날

어쩌다 바라본 다락방 좁은 창 너머

긴 그늘 드리운 담장 아래

묵언 중인 꽃대를 발견했습니다

그곳에는

푸른 잎 위로 한 뼘씩 자라난 맥문동 꽃대가

잠시 스쳐 간 햇볕에

보랏빛 꽃을 피우는 중이었습니다

공정에 대하여

삼복더위는 무서웠다

닭들이 대신 죽어갔다

풍선효과는 끝과 끝의 방식이었다

열대야 뒤끝은 작렬했다

전깃줄처럼 늘어진 낡은 축사

전류 끝에서 발화한 화염은 삼복더위를 휘감았다

뼈내만 넘기고

훤히 드러난 축사의 내장이

소방차 물거품 따라 흘러내렸다

새까맣게 잔해가 흩어진 바닥에서

지방선거에서 당선된 조화들이

한꺼번에 꽃등을 내밀고 눈시울 붉혔다

그들의 방문은 한여름 소나기처럼 짧았다

아픔을 가장한 가식의 말은

가늠하기조차 어려운 약속이었고

낡은 시간처럼 비밀이 숨겨져 있었다

정작, 아픔의 치유는

소방차가 흘려놓은 물거품 몫이었다

그럼에도 조화들의 비밀은 공공연했고

그들의 통장 잔액은 날마다 늘어나고 있었다

시커멓게 휘어진 철골 기둥에서

흐느끼는 소리가 들려왔다

얼룩을 지우다

흰 셔츠를 입은 채 식사를 하는데
한층 입맛 돋운 양념이
매운맛 뜨거운 맛으로 흘러내렸다

톡!
밤하늘 시리우스 같은 얼룩 한 점
셔츠에 발갛게 묻었다

내 속에도 얼룩이 묻어 있다
폐쇄 공간에 구속된 자유인이 그랬던 것처럼
불쑥불쑥 튀어나와서 빨갛게 묻어 있다

얼룩을 지워나갔다
외줄기 바람을 삼키고 있는 모퉁이 수돗가에서
빨간 얼룩을 지워나갔다

가을 갈대가 울음을 삼키듯

내 속에서

불쑥 튀어나오려는 얼룩 하나가 간신히 지워졌다

수건의 경전

아침잠을 걷어낸 의식이

습관적으로 TV를 켰다

화면은 뉴스를 전하고 있었다

뉴스는 일어난 사건

일어날 사건을 모호하게 보여주고 있었다

그 뉴스 실체를 알기 위해선 전문가가 되어야 했다

찬물에 토막 난 뉴스를 씻어내고 수건으로 닦았다

뉴스 잔해들이 수건에 흡수되는 동안

지난여름을 생각했다

수건 한 장 깔아놓은 해변 모래사장에서

먹고 놀던 무수한 사람들

수건의 기능은 단순했다

수건 한 장은

큰돈이 아니어도
빈 땅에 주인이 될 수 있는 신비가 있었다

경쟁과 승부의 시간이 비장하지 않아도
영역 구축에는 충분했다

바다 냄새가 밀려왔다
뉴스 잔해들을 흡수한 수건에서
무수히 사람 소리가 났다

수국

나는 맨 먼저 그늘진 구석 자리를 차지했다

그리고 어색한 시선을 출입구 쪽으로 고정했다

곧 들어설 낯선 눈빛들을 경계하면서

그늘진 배경처럼 비껴가기를 바랐다

그 누구도 나를 기억하지 않기를 바랐다

하나둘 빈자리가 채워져 갔다

여전히 내 시선은 출입구 쪽에 고정되어 있었다

짧은 순간이었다

뒤늦게 들어선 그녀의 눈빛이 강하게 부딪혔다

그 순간 내 시선은 허공에다 옮겨놓아야 했다

등 뒤로 향한 그녀의 시선이 찌릿하게 닿았다

사막처럼 목이 말랐다

당장 물이 필요했지만 움직일 수 없었다

더 이상 그녀의 눈빛을 기억하지 않을 즈음에서야

겨우 일어나 물을 찾았다

그러는 동안

뒤에서 그녀의 시선은 다시 내게 고정될 것이 분명

했다

    나는 땅을 향해 시선을 깔고는

    동공 각도를 달리하며 그녀의 자리에 옮겨놓았다

    그때마다 그녀는

    나의 시선을 따라 붉은 자색이 되어갔다

정情의 공식

문학기행 시골길에서 뜨거운 여름을 만났다

길 숲 도랑물이 더위에 늘어져 숨소리를 고르고 있는
느티나무 그늘에
할머니 서너 분
나이 지긋한 평상을 펼쳐놓고 수박을 먹고 계신다

그냥 지나치기 민망하여 인사를 드리니
쉬었다 가라시며 수박 한 조각 건네주시는지라
생각지도 못한 고마움에
사탕 한 봉지 초콜릿 한 줄을 세월 담은 손에 엎어드
렸더니
참말로 좋아하신다

좀 더 쉬어갈 요량으로 평상에 걸터앉는데
고향을 물으신다
"의령입니다." 하였더니

"인물 많은 동네네." 하시더니

"의령사람이라 그런지 인물 좋다." 하시는데

민망하고 송구스러워

"동네가 예뻐서 그런지 할머니들도 참 예쁘십니다." 하고

띄워드렸더니

농담 그만하라며 웃으시는데 참 고우시다

그늘이 손을 흔들며 작별을 재촉하는 사이

뒤돌아보는데

일면식 없는 길손에게 풀어놓은 정 도란도란 쌓아놓은 평상이

해맑게 웃고 있다

아침, 아홉 시

풋풋한 풀냄새 서둘러 피어오르고

낯익은 규칙들을 담기 시작하는 시간

아침, 아홉 시

창을 열면

가지 끝에서 머뭇거리던 낯선 바람이

햇살보다 먼저 사무실에 들어온다

바빠진 초침처럼 서둘러 컴퓨터 전원을 켠다

모니터에 새겨진 마침표 없는 문장들

페이지를 넘길 때마다 세상사는 일이 빼곡히다

듬성듬성 건너뛰어도 끝없이 쏟아지는 문장들을

난시의 시력으로 주시한다

그리하여

저녁이었을 때

생의 무게에 비틀거리는 소주 한 잔이

하루를 결재하지 않기를 소망해 보는

아침, 아홉 시

시침이 가리키는 9자처럼

동글동글한 이름 하나 더 짓는 시간이다

불면의 밤

늦은 밤
복부처럼 부푼 어둠이
창문마다 불빛을 지우고 있다

가로등 갈색 불빛 아래에서 하루살이들이 잠들어 갈 때
거리도 숙면에 들어갔다

노숙하는 자동차들 사이로
긴긴이 갈 곳 잃은 숙취가 비틀거리기는 해도
이 밤 적막인데
아뿔싸
침대에 누웠어도 한없이 밀려오는 저 잡념
사랑이었다가
그리움이었다가
미움이었다가
끝내는, 끝내는 너였다가

오늘 밤은

아무래도 불면이다

네가 내게서 멀어진 그 날 밤처럼

유효기간

포만한 저녁 뒤에 공원 산책길을 걷는데
불룩한 아랫배가
걷는 속도보다 더 빨리 바람을 맞이했다

소식小食을 꿈꾸다 과식過食이 되어버린
저녁처럼
어둠이 내릴수록 한쪽으로 기울어진 무릎이
뼈와 뼈가 부딪혀 절뚝거렸다

무릎에서 찡그린 통증이 비명을 질렀다

때마침, 생의 끝에서
무릎보다 더 아픈 가로수 낙엽이
술 취한 시어처럼 비틀거리며 바람을 몰아왔다

불룩했던 아랫배가
평면을 만드는 동안

통증이 가장자리에서부터 마르기 시작했다

무릎의 유효기간이 그만큼

길어지고 있었다

야생화

원고 마감일 밤이 하얗게 뒹굴었다

느티나무 끝에 매달린 초승달이 전설을 지우고
별똥별에 신화神話를 사르던 여름밤은
결국 아침이 되었다

한 줄도 완성하지 못한 문장이 부스스하게 흩어진
문밖

아뿔싸!
폐기된 시어詩語들이 버려진 묵밭에서
시詩가 된 꽃

아들 2
- 성숙

허기진 그릇에 저녁을 담았다
꼬깃꼬깃 구겨진 저녁이 덜거덕거렸다
왈칵
젖은 어스름이 쏟아졌다

예고 없던 구름의 소란에
달빛이 불규칙했다
짧았던 평온도
시나브로 풀벌레 소리에 지워졌다

어스름이 젖은 저녁에는
가을을 만들려고 여름을 버려야 했던 낙엽처럼
새들도 필사적이었다

구름의 소란을 틈탄 달빛이
보름을 향해 성숙 중인 것처럼

빨간 신호등

길은 깨끗했고 단단했다

시원한 구간에서는 바람 소리가 속도를 가늠하고 있었다

오래된 시간처럼 직선의 길은 빠르게 직진했다

속도제한은 낡은 기억처럼 감각을 잃었다

건널목 빨간 신호등이 직진을 멈춰 세웠던

그날까지는

일상이 어깨 위에 걸쳐진 봄볕 같은 줄 알았다

이따금 밀려오던 통증은 가난한 달동네 언덕길처럼 힘겨웠다

급하게 찾은 병원은 원인을 모른다고 했다

통증이 점점 더 강도를 높였다

그랬다

"차라리 상처고 아픔이고 다 벗어버리고

어둠 속에 드러누워 있는 것이 축복이다."라고 말했

던 김왕노 시인의 말이
　더 가까이 있었던 것이다

　통증을 한입 가득 우물거리면서 통계를 분석하듯
　정정된 자료들을 분석했다
　결론을 숨겨놓은 복선처럼 퍼즐이 맞춰지기 시작했다

　지나온 길이 백미러를 통해 흔들렸다
　앞만 보고 달리느라
　멈춤과 멈춤 사이에서 속도를 줄이지 못했던 길이었다
　쓰라린 감각에
　되돌아본 길이 상처가 되어 울음을 삼켰다

　다행스럽게 건널목에 다다른 직진이 멈추어 섰고
　직선의 길은 제한속도 안으로 들어왔다

　빨간 신호등이 입춘날처럼 푸르게 빛나기 시작했다

하루살이

날개는 쉴 수가 없었다

공중에서 비틀거리던 불빛은
얇은 날개에 시시때때로 달라붙었다

밤이 사라진 도시에서
지친 날개는 쉴 곳을 찾지 못했다

도시의 밤에
하루살이가 안식할 수 있는 유일한 방법은
불빛을 향해 온몸을 던지는 일

하루살이가
너덜너덜한 소원들을 불빛에 태우는 밤이
차라리 성스러웠던 이유였다

그에게는 겨울도 봄이다

새싹이 곡선의 옹이를 어루만지는 동안
계절이 바뀌었다

아직 햇살이 닿지 못한 벚나무가 엉켜있는 바람을
풀어내고
먼저 풀려난 가지 그 끄트머리에는
벚꽃이 피어나기 시작했다

겨울이 덜 아팠던 이유가 봄이었던 것처럼
그에게 겨울도 봄이 분명했다

처음
그의 몸속에서
우물 속에 깊게 박힌 돌 같은 종양이 발견되었을 때
나의 창백한 생각이 벤치 위에 주저앉았다

그해 겨울이 매우 추워지리라 짐작되었다

심지어

벚나무 아래로 떨어진 바람은 아무렇게나 뒹굴고 있었다

많은 것들이 스쳐 지나갔다

무너지고 쓰러지고 사라진 시간이 불룩했던 체중으로 쌓여 있었다

기능을 잃은 소통이 가지 끝에 바람처럼 흔들렸다

답 없는 물음표같이 긴 겨울을 짐작했었다

드르륵드르륵

전파를 타고 온 그는 '괜찮다 괜찮다.'라며

덤덤하게 웃었다

엉킨 바람이 풀려난 가지 끄트머리에서

막 피어난 벚꽃이 하얀빛을 더하고 있었다

시리도록 시린 그의 겨울에도

파릇한 식욕 같은 봄이 오고 있었다

5부

어머니의 밥상

아내가 봄을 캐어 밥상을 차렸습니다

그 옛날에
어머니도 봄을 캐서 밥상을 한가득 차려주셨지요

삶의 무게를 머리에 이고 걷던 삼십 리 행상길이
부르튼 발걸음을 재촉했던 것도
흐린 날에 왔다가 맑은 날이 되어도 가시지 않는다는
퇴행성관절염도
굶주린 자식 밥상을 위한 여정이었지요

망설이다 망설이다 들었을 수화기에서
"별일 없제." 한 마디뿐이었던 그때도
어머니는 봄을 캐고 계셨다지요

닳아 부딪히는 어머니 관절 마디마디가
한 살 한 살 쌓인 내 나이였다는 것

그것으로 차려준 밥상이었다는 것 부모 되고 알았습니다

해마다 어머니가 캐다 주시던 봄을
올해는 아내가 캐어 밥상을 차렸습니다
지금
봄이 가득한 밥상에서
어머니의 향기가 피어나고 있습니다

목련

거리에 흙냄새가 많아지기 시작했을 때였어

비가 내리고 있었지

뒷모습처럼 멀어진 우리의 단문들은 허공에서 젖었어

계절의 갈림길에서

다른 미래를 만나려 했던 거지

시들어 떨어질 때를 기다릴 수 없었던 거야

초록 초록 씨를 잉태하는 것이

운명이라는 걸 알고 있었던 거지

그랬던 거야

이름을 지우는 것

통보는 늘 일방통행이었지

우리의 이야기가 시나리오 끝에서

자막처럼 빠져나가고 있었어

공복인 하루가 홀쭉해졌어

집으로 오는 길이 낯설어 보여

그래도, 여전히 봄

바윗돌

내 사무실 앞마당에 바윗돌 하나
무게를 얹은 채 꼿꼿하다
그 곁에는
무성해진 가지에 구부러진 소나무 한 그루
기대고 있다

식목일
한기가 감도는 수술실은 겨울이었다
나는 어딘지 모를 미래가 불안했지만
추위에 움츠린 채
기억 너머로 멀어져갔다

수술실 밖에서
나보다 더 추웠던 아내는
여태껏 경험하지 못해본 두려움에
눈물 같은 알코올을 닦아냈다고 했다

지독한 알코올 냄새가

작년 식목일에 심은

여린 소나무 가지에도 번졌다고 했다

수술실을 벗어났을 때 나는

바윗돌에 기대고 있는 소나무처럼

알코올을 닦아내던 아내에게 기댄

한그루 소나무였다

저 둘의 관계

분명, 불공평했다

소나무가 무성한 가지에서

송홧가루를 봄마다 뿌리고

바람 몰아치는 날에는

날카로운 이파리로 살갗을 찔러도 묵묵한 바윗돌

저 바윗돌에서 아내가 보이기 시작했다

성장통

낡은 지붕에서 빗소리가 무겁게 흘러내렸다
빗물 사이에 그어진 차로를 배경으로
멀어져간 후미등처럼
오래된 잔상은 충혈 중이었다

이젠 '봄이다.'라고 외쳤는데
겨울이었을 때가 있다

그런 날이었다

낡은 지붕이 있는 검은 방에서
나는 길바닥에 박혀
상처 난 돌부리처럼 견디고 있었다

한때 부풀었던 너의 이름이
빗물이 지나면서 흥건하게 흘러내렸다

선잠이 들었다

카페에는 작은 창이 있었다
낡은 지붕만큼 시간이 쌓인 카페에서
나는 창에 젖은 너의 이름을 말리는 중이었다

마주한 커피에서 봄 냄새가 난다는 소식도 들었다
창가에서 새싹 트는 소리가 났다
꿈을 꾸는 중이었지만 분명했다

첫사랑처럼

유화 감상법

가까이
아주 가까이에서 시선이 멈춘 캔버스

무질서하게 뿌려져 있는 픽셀들이
첩첩한 우주를 유영하다
소용돌이 성운 속으로 빨려들었다

검은 공간의 끝

한발
또 한발 물러나 멈춘 시선

처녀자리 백조자리 오리온 쌍둥이자리
전설을 만든 신처럼

캔버스에 픽셀은 완벽한 우주였다

매화

이월 햇살 틈으로
붉은 봉오리

톡톡

꽃샘바람 비껴간 양지 언덕에서
불꽃처럼 터진

핑크빛 첫사랑

봄 1

햇살

살짝살짝 그늘 비집던 날

진달래 발그레 수줍고

바람이 깔아놓은

땅의 초록이

볕 무성한 뒷날에 잡초일지라도

이 봄엔

해빙의 연둣빛 설렘

봄 2

기다리다

미워하다

화를 내다가

가장 아플 때

돌아온 그 사람처럼

비로소 돌아와

사르르 녹아내리는

저 바람 끝

후회

그때

삼월은 날카롭게 기울어져 있었다

갑자기 뚝 떨어진 기온은 소매 끝에 매달려

꽃샘바람에 여린 꽃잎이 떨듯 떨고 있었다

좁은 통로를 순환하던 염증이

겨울을 넘어온 낙엽처럼

소스라치게 바스락거렸어도

이른 봄 꽃샘바람으로 여겼다

길어진 공복空腹이

앓던 변비 대신 허기를 채웠다

의식이 앙상해지고 있었다

돌이켜보면

내 그림자가 어둠과 함께 떨어져

등 뒤로 멀어질 때도

아침은 어김없이 오고 있었다

때늦은 울음이

굳어진 혈관을 따라서 악문 채

힘겨운 순환을 하고 있다

미련

처리해야 할 일이

낡은 빈집 거미줄처럼 엉켜있는데

오후의 책상이 눈을 비비며 펼쳐놓은 문장들이

가물가물 거린다

꽃바람은

숭숭 울던

겨우내 찬바람이 앙상한 나뭇가지에 부딪혀서

만들어진다는데

사실, 꺼림칙하긴 했지

새봄에는

사랑할 수 있으리라는 희망

꽃샘바람 꽃망울처럼 철렁, 떨어져 나가고

내 것을

탈탈 털어내던 날

오후가 하품을 시작할 때까지도

그것이 저물녘 어둠 속에서 그림자 잠기듯

사라진 줄 몰랐지

낱장에 가물거리다 뒤엉킨 문장처럼

미련은

희망을 미련스럽게 붙잡고 있는데

입술에 달라붙은 피로가 에누리 없이

장렬하다

산수유

어머니

한겨울을 데리고 왔던 찬바람이 어느새 북으로 밀려가네요

양지바른 어머니 무덤가에도 산수유꽃이 피었습니다

허기진 어둠이 내린 무덤가에

별 무리가 떨어뜨려 놓은 별똥별 사랑이 이유였을까요

서리 머물렀던 가지마다 피어나 샛노랗게 뿌려놓은 봄이

유난히 아름답네요

수선화 라일락 백합이 더없이 아름다운 것도

꽃말 속에 사랑을 담아 두었기 때문이라지요

꽃샘바람에 파르르 떠는 산수유 꽃잎이

영원한 사랑의 꽃말을 담아서 이렇게 아름다운 이유인 것처럼요

어머니 생전이 그토록 아름다웠던 이유를

산수유꽃이 핀 지금에서야 알게 되었네요

어머니, 지금
통증이 저미는 내 몸 안에도
산수유꽃이 피고 지는 사이에 봄이 성큼성큼 다가오고
있습니다

진달래

봄비 내린 뒤
산그늘 허리 동여매고
앞산 중턱에서부터 톡 톡 꽃잎 터뜨린 진달래
봄바람 사이로 기웃거린다

한 잎, 또 한 잎
냉기 촘촘한 틈 쪼개어 피운 꽃

연인들처럼
바람 스친 가지마다
이파리도 없는 꽃들이 한참
열애 중이다

오후, 사무실의 봄

나뭇가지 물방울처럼

봄바람이 매달린 오후가 나른하다

PC 화면 글자들

욕망 가득 채운 굵은 밑줄 위에서

쉼표 없이 짓눌리는 눈꺼풀을 독하게 붙잡고 있다

문득

매화나무가 땅을 향해 매화꽃 피울 때

생뚱맞게 '사랑이다' 생각하는 것처럼

생뚱맞은 글자들이

문장과 문장

그들 사이에서 서성이다 사무실에 흩어져 있는데

어느새

햇살 한줄기가 산 능선에서 주름지기 시작했다

장마철

지루한 장맛비 틈으로

볼 붉은 사춘기 같은 복숭아가 떨어졌다

초록빛 너울대던 볏논도 숨 가쁘게 흔들리다가

졸음 비비던 오후처럼 주저앉았다

이랑 사이로 구부러진 농부 등이 장맛비에 흘러내리는데

시간을 맞추지 못한 연인처럼

마중이 서툰 여름의 약속이 수직 낙하 중이다

아주 잠깐 기적인 듯

먹구름 힘겹게 밀쳐낸 햇살이

빗방울 맺힌 풀잎에 짧게 내려앉았다

습기 있는 바람이

우기의 경계에서 머뭇거리는 동안

무너진 돌담에 기대선 백일홍이 일찍 색바랜 여름을

응급조치 중이다

사각지대에서

서둘러 짝을 유혹하는 매미의 건조한 울음이

산란을 꿈꾸는

그 짧은 시간

물방울 이면에서

여름이 서툴게 익어가고 있었다

수험생 아들에게

아들아!

설익은 햇살이 말라버린 수초에 걸려
졸고 있는 봄도
버들강아지 막 피어난 개울에서는
돌부리에 차여 아프게 운단다

게으른 바람
좁은 창문에 달라붙을 즈음이면
무논에 내려앉은 지친 시간이 먼 가을을 향해
절뚝이고
참고서 쪽마다 덕지덕지 붙어 있던 낡은 글자들도
뚝뚝 떨어져 나간단다

바람이
길가 억새에 걸려 너의 정강이에 부딪혀 오면
조곤조곤 걷던 걸음도

비틀거릴 수밖에 없는 모퉁이 돌아 푸른 잎이 떠나고

앙상한 그림자가 동쪽으로 기울어질수록

눈가 이슬도 뜨겁게 맺힌단다

아들아!

'지금'은

너를 닮은 모든 이에게도 첩첩이 쌓여 있는 가난이란다.

꿈은

그 가난한 사람들이

가난한 시간을 매일매일 쌓아놓은 거란다

착한 시집이 그랬듯이

해설

자연묘사와 농촌 현실,
그리고 가족서사

- 공광규 시인

자연묘사와 농촌 현실, 그리고 가족서사

– 공 광 규 시인

1.

이광두 시인은 경상남도 의령출신으로 2004년 계간 《문예한국》 시 부문 신인상으로 등단했다. 그동안 동인 시집 『차』『추억』을 냈다. 경남문인협회, 의령문인협회, 곰솔문학회, 의령예술촌 회원이며 의령군의회 전문위원과 의령군 용덕면장, 의령군 지정면장을 역임했다. 현재 의령군 낙서면장이다.

그는 〈시인의 말〉에서 "상대적인 시간 속에서/ 조금 더 느리게/ 그리하여 길모퉁이 야생화에 내리는 햇살같이/ 섬세한 실바람을 꿈꾼다."라고 천명한다. 시인은 상대적으로 빠르게 흘러가는 인생시계가 지체되기를 바라고, 지체되는 시간 속에서 자연 사물에 섬세한 관심과 관조의 시간을 갖기를 바라고 있다.

그의 시편들은 전반적으로 개개 사물과 사건에 대한 섬세한 관찰과 비유적 묘사, 서정적이면서 내밀한 사유, 현실문제 채집과 서사진술 능력이 빛난다. 이번 첫 시집 『비누』를 제재별로 유형화하면 자연사물에 대한 정치한 묘사, 자신의 생업 현장인 시골 소읍면 현실의 직간접적 진술, 가족제재 서사화를 들 수 있을 것이다.

2.

이광두 시인의 시적 특징 가운데 첫 번째는 아마 자연사물에 대한 정치한 묘사일 것이다. 그의 시에는 매화, 자목련, 물억새, 맥문동, 길고양이, 겨울나무, 낙과 등 생물과 바위 등 무생물이 등장한다. 특히 그의 많은 시들은 풀과 나무 등 주변에서 흔히 목격되는 일상의 생물을 통해 인사를 비유한다. 자연 사물을 통해 인사를 비유하는 방식은 오래된 전통적 창작방법 가운데 하나다.

시인들이 자연 사물을 묘사하는 관습은 오래되었다. 우리 선조들의 많은 시가 그랬고, 인류에서 가장 오래된 중국의 서정시선집인 『시경』에서도 확인된다. 시경에 나오는 생물을 고증한 정약용의 둘째 아들 정학유의 명

저 『시명다식』을 보면 시경 305편(311편이나 6편은 이름만 남아 있음) 가운데 310여 종의 생물이 있음을 알 수 있다.

이번 이광두의 시집 가운데 자연사물을 묘사한 시는 「매화」「맥문동」「겨울나무」「그에게는 겨울도 봄이다」「길섶의 집」「물억새」「내과병동」「겨울아침」「길고양이」「벌초」「가을비」「시월에는」 등 다수다. 시인은 자연사물을 통해 인사나 시간의 원리, 사회문제와 과거의 기억을 소환한다.

    이월 햇살 틈으로

    붉은 봉오리

    톡톡

    꽃샘바람 비껴간 양지 언덕에서

    불꽃처럼 터진

    핑크빛 첫사랑

           -「매화」 전문

    숭숭 뚫린 저 휑한 나무

봄

여름

가을

가꾸어 온 것들 아낌없이 털어낸 것 보면

오래된 고향집처럼

참 겸손하다

－「겨울나무」 전문

    시「매화」를 보자. 봄이 오기 전 눈발이 날리는 겨울에도 피는 매화는 한 해 중 가장 먼저 피는 꽃이다. 화자는 이월 양지쪽 햇살 틈에서 톡톡 터진 붉은 매화를 본다. 붉은 매화는 핑크빛 첫사랑으로 의미가 전이된다. 일상의 구체적 사물에서 자신의 경험적 관념, 즉 자신의 첫사랑을 전이시키는 방식이다. 전통적이고 안정된 진술방식이다.

    시「겨울나무」 1연은 오래 살아서 몸통이 썩어 구멍이 휑하게 뚫려있는 느티나무를 연상케 한다. 오래 세월 자신의 몸집을 부풀려오다 늙고, 그나마 몸통에서 뻗은 가지에 돋았던 나뭇잎을 모두 버린 겨울나무를 고향집과 연결시킨다. 자연과 사물에 대한 창작자의 겸손한 인격이 스며있는 시다. 이 시의 구조는 겨울나무-고향집-겸손이라는 관념으로 의미가 이동한다.

그늘 드리운 우리 집 담장 아래
맥문동이 파릇합니다

맥문동은 굳이 햇볕을 구하지 않는가 봅니다
아주 잠깐 스쳐 가는 햇볕이었을 뿐인데
잎을 만들고 꽃대도 세웠습니다
- 「맥문동」 부분

새싹이 곡선의 옹이를 어루만지는 동안
계절이 바뀌었다

아직 햇살이 닿지 못한 벚나무가 엉켜있는 바람을
풀어내고
먼저 풀려난 가지 그 끄트머리에는
벚꽃이 피어나기 시작했다
- 「그에게도 겨울은 봄이다」 부분

맥문동은 여러해살이풀로 한국, 타이완, 일본 등에 분포하는 것으로 알려졌다. 5, 6월에 보랏빛 꽃을 피운다. 산지의 나무 그늘에서 자라기도 하지만 농가에서 재배한다. 오래전부터 필자의 고향인 청양이 최대 산지인데, 지금도 재배하고 있다. 물론 필자도 부모님 맥문동 농사를 도왔다.

최근에는 도심의 가로와 공원, 또는 길가에 심기도 한다. 가정에서 관상용으로 키울 수도 있으며, 나무그늘 때문에 잔디가 자라지 못하는 곳에 잔디 대신으로 심는다. 맥문동의 덩이뿌리는 말려 식용 약재로 사용한다. 이 시에서 화자의 집 담장은 그늘이 졌고, 그곳에 심은 맥문동은 사철 파랗다.

화자는 그늘에서 사철 푸른 맥문동이 햇볕을 구하지 않고 파릇한 것을 어떤 의미로 제시하고 있다. 햇볕이 거의 들지 않는 그늘에 심는 맥문동도 다른 식물들과 같이 잎을 만들고 꽃대를 세웠다. 외부의 햇빛 즉, 외부의 조력을 받지 않고도 <u>스스로 푸르고 스스로 꽃대를 세우</u>는 맥문동의 생명력을 찬미하고 있다.

시 「그에게는 겨울도 봄이다」는 이른 봄 일찍 나온 새싹이 옹이를 어루만진다는 표현이 정치하다. 이러한 표현은 대상을 오랫동안 주시해서 얻어지는 결과다. 명

작은 표현의 디테일에 있다. 디테일은 독자에게 사실감과 공감을 준다. 이광두 시에서 잘 된 시들의 대부분은 이런 정치한 관찰과 사유, 그리고 표현의 결과가 낳은 것들일 것이다.

3.

　이광두 시의 두 번째 특징을 농촌 현실에 대한 직간접적 진술이다. 선비는 세상에 두루 관심을 갖고 시세와 물정에 밝아야 한다. 글만 알고 시세와 물정을 모르는 선비는 반푼수에 지나지 않는다. 세상에 눈을 감으면 현실감 있는 문장을 구현하기 어렵다. 때문에 지방에서 공무원으로 생업을 하고 있는 이광두의 시는 그만한 시적, 시사적 가치가 있다.

　수십 년째 농촌인구의 도시 이동과 고령화로 폐가가 늘어나고 있다. 최근 통계에 151만 가구가 빈집인데, 앞으로 더 늘어날 것이라고 한다. 어머니가 돌아가신 뒤 17년째 비어 있는 필자 소유의 74년이 넘은 무허가 농촌주택이나 도시 무허가 주택까지 합하면 훨씬 많을 것이다. 이렇듯 이광두의 시에는 시골 소읍면의 농촌 현실을 직간접적으로 수렴하거나 드러내는 시들이 많다.

이를테면 「자목련」 「낙과」 「벌초」 「고향」 「시골마을 이장」 「노인 일자리」 「면민체육대회」 「균형잡기」 「주민설명회」 「초심」 「복지관 한글교실」 같은 시들이다. 특히 시 「벌초」와 「면민체육대회」는 시골 소읍의 농촌 현실을 여실하게 보여준다.

  고향 지키던 굽은 나무 다 사라지고
  한 집 걸러 빈집에
  오래된 흔적들만
  콘크리트 바닥처럼 차갑게 응고되어 있다

  사람 대신
  잡풀이 무성하게 엉켜 사는 곳
            - 「벌초」 부분

  이웃이 떠나고 젊음도 사라진 마을마다
  이빨 빠진 잇몸처럼 듬성듬성한 빈집 사이에
  주름살을 쌓아놓은 노인들이
  모처럼 공설운동장에 모인 면민체육대회
          - 「면민체육대회」 부분

시 「벌초」는 시인이 벌초를 가서 돌아본 고향인 시골 광경이다. "굽은 나무"는 고향에서 끝까지 살다 죽은, 도시로 나가지 못한 사람들일 것이다. 고향에 빈집이 많아 "한 집 걸러 빈집"이라고 진술한다. 마을이나 빈집의 콘크리트 바닥은 사람이 살지 않아 인적이 없다. 무너진 집터는 사람 대신 잡풀만 무성할 뿐이다. 시 「면민체육대회」에서 "이빨 빠진 잇몸처럼 듬성듬성한 빈집 사이에/ 주름살을 쌓아놓"았다는 표현이 절창이다.

　시 「시골마을 이장」에서는 시골 읍면의 면사무소에서 일어나는 일을 시인이 흥미롭게 진술한다. "에어컨이 지구 자전에 얹혀서 돌고 있는 면사무소에는/ 경로당을 닮은 이장님 여럿이 와있다// 늙은 시골길만큼 창자가 길어서/ 먹어도 먹어도 배부른 날 없는 동네 민원을/ 김 주사 이 주사 박 주사 불러서/ 믹스커피 한 잔에 풀어 놓는 시골 이장님들"이라는 묘사가 일품이다.

　에어컨이 지구 자전에 얹혀 돌고, 동네 민원이 늙은 시골길만큼 길어서 창자가 먹어도 먹어도 배부를 날이 없다니, 어디 판소리 가락에서 듣는 듯한 비유적 풍자다. 현재 시골 소읍면의 자치 현장을 잘 묘사하고 있다. 시 「노인 일자리」에서는 잔디밭에서 일하는 노인들을 소재로 하고 있다. 노인들이 일자리에서 "하루를 붙들고 있는" 것은 "외롭다는 말에 얹힌 핑계"라고 간파한다.

해넘이 석양처럼 나이가 저문 교실

주름진 돋보기안경들이

오롯하다

오늘은 친구 이름 써 보는 날

순자 말숙 봉순

그리고 더 쓸 수 없는

이름들

세상 밖으로 간

저 이름들을 써 본다

지나온 발자국마다 상처 아닌 적 없던

이름

이름

이름

복지관 하얀 한글교실에서

삐뚤삐뚤

성스럽게 앉아 있다

　　　　　　　－「복지관 한글교실」 전문

　눈앞에 그림이 아름답게 잡히는 시다. 이 시는 시골 소읍면의 복지관에 모여 돋보기안경을 쓰고 한글을 공부하는 장면을 묘사하고 있다. 늙은 학생들이 교실에 앉아 살아있거나 이미 죽은 친구 이름을 쓰는 이들의 모습을 "성스럽게" 바라보는 시인의 시선이 따뜻하다. 어휘도 구성도 어려울 것이 하나도 없다. 시인의 자연스러운 표현능력이 여실히 드러나는 시다.

　시 「주민설명회」는 면사무소에서 지천으로 쌓인 모래를 채취해 부족한 지방세수를 마련해 보려는 면사무소 주민설명회장에 현수막을 들고 와서 소리치는 주민들을 풍자하고 있다. 이들의 속마음은 돈이다. 그런데 습관처럼 면사무소로 몰려와 반대하는 민심을 "외로워서 외로워서 그렇게 하는 거라지" 하며 풍자하고 있다.

　시골 소읍면의 폐가 대문에는 오래전 우체국에서 걸어놓은 녹슨 우편함들이 있다. 그런데 이들 폐가에는 하나같이 기간이 지난 우편물들을 가득 물고 있다. 시 「자목련」은 이런 폐가를 배경으로 쓴 자연서정의 백미다.

기간 지난 우편물 가득 머금은 폐가에

자목련 피었다

추억이 부서진 폐가에서

백목련 떨어지는 소리로 피어난 자목련

꽃이 피는 건 생의 산고

줄기 따라올라 온 겨울바람이 가지 끝에서

결별하는 날에

꽃이었다가 멍이었다가

-「자목련」전문

가을 감나무밭이

주인 잃은 시골집같이 휑하다

낙과!

그 어느 계절이 이보다 아플까!

-「낙과」부분

시인은 폐가에 자목련이 핀 것을 진술하고 있다. 백목련과 자목련은 피는 시기가 다르다. 이런 시차를 시인은 폐가 이전에 살던 사람이 심었을 백목련이 떨어지는 소리로 자목련은 피어난다고 한다. 그리고 꽃이 피는 것을 '생의 산고'로 수렴한다. 시 「낙과」에서 역시 시골 폐가를 "주인 잃은 시골집"으로 비유적 진술을 한다.

시인은 가을 감나무밭을 주인이 살지 않는 폐가에 비유한다. 감나무 낙과는 흔한 일이지만, 폐가와 같이 겹치면서 시인에게 아픔으로 감각된다. 감이 푹 익어 떨어질 때가 되어 떨어지는 것은 아름다운 일이다. 그러나 앞서 떨어지거나 먼저 바람을 맞아떨어지는 일은 아프다. 감이 가을이 오기 전에 덜 익어 떨어지는 이른 결별은 상대의 부재처럼 아프다.

시 「낙과」에서 일찍 떨어진 낙과와 「내과병동」에서 일찍 떨어진 성질 급한 도토리는 의미를 같이 한다. "성질 급한 도토리가/ 낙엽 뒹굴 자리에서 미리 흔들리는 가을날처럼/ 내과병동 대기실은/ 불안한 시선들이 대기표를 움켜쥔 채/ 생과 사의 경계에서 흔들리고 있다"고 한다. 낙과와 일찍 떨어진 도토리, 불안한 시선을 하고 있는 내과병동의 사람들이 상통하는 의미를 형성한다.

4.

이광두 시의 세 번째 특징은 가족제재의 서사화다. 그의 시에는 아버지와 어머니, 아내와 아들 등 가족을 언급한 시들이 여러 편이다. 이를테면 아버지가 주인공인 「아버지의 방」, 표제시이자 어머니의 희생을 형상한 「비누」를 비롯해 「어머니의 밥상」 「태초의 길 -완행버스」, 아내를 제재로 한 「아내의 명절」 「노안老眼」 「이명耳鳴」, 아들이 주인공인 「아들 2 -성숙」 「아들 3 -고시촌」 「아들 1」 등이다.

이들 가족을 제재로 한 시에서 시인은 아들로서 지극한 효심과 지아비로서 사랑, 그리고 아비로서 염려를 놓지 못한다. 시인은 시 「아버지 방」에서 "아버지는 현관문도 중문도 없는 방을 가지고 있었다/ 아버지의 방은 언제나 배가 고팠다"고 언술한다. 아버시의 방은 얇은 창호지를 바른 방, 새소리가 창문을 뚫고 들어오는 방이다. 방문을 열면 마당이 들어오는 방이며, 마당에 있는 암탉이 들어오고, 가을에는 파란 하늘이 들어오는 아버지의 방이다.

비누는

때 묻은 시간을 씻으면서

자기 몸을 줄여간다

　　그 옛날
　　비눗물이 거친 손등을 타고
　　흘러내리던 수돗가

　　문득
　　작아진 비누를 본다

　　자세히 보니
　　물소리와 함께
　　늘어진 유행가를 흥얼거리시던
　　어머니였다

　　　　　　　　　　-「비누」전문

　표제시 「비누」는 비누처럼 자신의 몸이 다 녹아 없어질 때까지 몸을 소진하는 어머니의 희생을 형상하고 있는 수작이다. 화자는 옛 수돗가에서 작아진 비누를 만난다. 작아진 비누에서 물소리와 함께 늘어진 유행가를 흥얼거리던 어머니를 본다. 때 묻은 몸의 부위를 씻으면서 자기 몸을 줄여가는 비누를 어머니의 희생과 병치시

킨다.

 이광두는 시 「어머니의 밥상」에서 아내가 봄나물을 캐어 차린 밥상을 받아먹다가 과거 어머니기 차려준 봄나물 밥상을 소환한다. 봄나물 밥상을 차려주던 어머니는 부르튼 발로 삼십 리를 행상하고, 퇴행성관절염을 앓아가면서도 "굶주린 자식 밥상을 위한 여정"을 한 분이다. 화자는 "닳아 부딪히는 어머니 관절 마디마디가/ 한 살 한 살 쌓인 내 나이였다"고 고백한다.

 이광두는 그동안 세상을 살아오면서 비유적 경유지와 정류소를 거쳤다. 그런데 그가 멈추고 섰던 경유지와 정류소는 마음의 종점에 다다르기 위함이었다. 그 "종점은 어머니였다"고 고백한다. 나이가 들어가는 화자는 모성을 원가족인 어머니에게서 현 가족인 아내에게로 옮겨간다. 과거 해마다 어머니가 캐다 수년 봄을, 결혼을 한 지금은 배우자인 아내가 봄을 캐어 밥상을 차리는 것에서 모성의 이동을 구체화한다.

> 세월이 잘 익은 중년의 두 사람
>
> 시골 카페에 갔는데
>
> 가을을 닮은 카페 여주인이
>
> 국화차를 건넨다

그윽한 가을 향을 맑은 유리 찻잔에 붓는데

아뿔싸, 찻잔 주위로 가을 향이 주르륵 흘러버린다

엎어놓은 찻잔을 알아채지 못했던 두 사람

황당해하다

뒤늦게 노안을 알아채고 한바탕 웃는다

노안

그것은

중년 얼굴 잔주름에 잡티가 흩어져 있어도

맑게 보라는 뜻

쌓인 나이만큼 보았던 것을

이제는 하나씩 지워가라는 뜻

간혹 실수가 있어도 보이는 것만 보라는

사려 깊은 뜻

오늘

가을 향이 피어 있는 시골 카페에서

노안으로

노안이 있는 당신을 보며

잘 익어가는 세월을 배우고 있다

— 「노안老眼」 전문

부부가 카페에서 차를 따르면서 일어난 일화를 한

편의 자연스럽고 의미 있는 시로 형상하고 있다. 시인은 노안이 올 때까지 많은 세월 다정다감하고 화목하게 늙어가는 아내와 관계를 "잘 익어 가는 중년 두 사람"으로 비유한다. 부부는 찻집에서 엎어놓은 유리 찻잔에 우린 찻물을 붓는다. 두 사람 모두 노안이 와서 찻잔을 업어놓은 것을 알아채지 못한 것이다.

시인은 이 노안이 가져온 황당한 부정적 사건을 긍정으로 전환시켜 한 편의 시로 구성한다. 노안이 온 것은 상대 얼굴에 잔주름이나 잡티가 있어도 맑게 보라는 뜻이고, 실수가 있어도 보이는 것만 보라는 세월의 사려 깊은 뜻이라고 이해한다. 결국 화자는 노안으로 아내를 보며 잘 익어가는 세월을 배우고 있다고 마무리한다.

시 「이명耳鳴」은 화자가 "귓속을 파고드는/ 냉장고 모터 같은 소리에 아내가 쓰러졌다"고 선세한 뒤, 아내 대신 자신이 집안일하는 상황을 묘사하고 있다. 화자는 집안 곳곳의 물건들이 "낙엽처럼 흩어져 있는 흔적을 주섬주섬 주워 담으면서/ 아내가 담아왔던 흔적이 아낌없는 사랑이었다는 것"을 깨닫는다. 그러면서 아내의 고통을 나누어질 수 있다면 "내 귀에 철 지난 매미울음이라도 소환하겠다"고 한다.

시 「아내의 명절」에서는 화자는 몸이 "성치 못한 아

내 대신 설거지"를 하며, "아내의 입술에서／ 한가위 보름달이 환하게 떠오르"는 것을 본다. 또 아직은 "보름을 향해 성숙 중인" 아들을 제재로 한 세 편의 시 「아들 2 -성숙」「아들 3 -고시촌」「아들 1」은 독립해 고시원에서 혼자 '햇살과 동거하는' 아들을 향한 아비의 지극한 마음을 녹여내고 있다.

5.

이광두는 자연사물과 사건에 대한 섬세한 관찰과 비유적 묘사, 서정적이면서 내밀한 사유를 표현하는 능력이 남다르다. 또 일상의 현실 문제 채집과 서사진술 능력이 빛난다. 이번 시집의 시편들을 유형화하면 자연 사물에 대한 묘사와 자신의 생업 현장과 관련된 시골 농촌 현실에 대한 진술, 자신의 가족에 대한 서사화를 들 수 있다.

시인의 첫 번째 시적 특징은 자연사물과 사건에 대한 정치한 묘사일 것이다. 그의 시에는 매화, 자목련, 맥문동, 물억새, 길고양이, 겨울나무, 낙과 등 많은 생물과 바위 등 무생물이 등장한다. 그의 시편들은 전통적 창작 방식에 따라 풀과 나무 등 일상 주변의 생물을 통해 인사를 비유하는 데 능숙하다.

두 번째 특징은 그가 살고 있는 농촌 현실에 대한 직간접적 진술이다. 현재 공무원인 그는 자연뿐만 아니라 시골 현실에 두루 관심을 갖고 시로 표현한다. 그렇기에 그의 현실감 있는 문장에는 시세와 물정이 있고, 풍자와 비평이 있다. 고령화가 심각한 소읍면동의 문제를 수렴하거나 직접적으로 드러내는 그의 시는 그만한 시적, 시사적, 풍속사적 가치가 있다.

세 번째 특징은 가족제재의 서사화다. 이광두 시에는 아버지와 어머니, 아내와 아들 등 가족을 언급한 시들이 여러 편이다. 어머니와 아내를 제재로 한 시, 자신의 아들과 아버지를 제재로 한 시편들을 통해 지극한 가족 관계의 미덕을 보여준다. 시인은 부모의 아들로서 지극한 효심과 지아비로서 아내 사랑, 그리고 아비로서 아들을 염려하는 마음이 크다.